OBSERVATIONS

PRÉSENTÉES

A

M. DUPIN AINÉ

PROCUREUR-GÉNÉRAL ET SÉNATEUR,

SUR SON DISCOURS DU 29 MARS 1860,

Par Mgr L'ÉVÊQUE D'ALGER.

ALGER

BASTIDE, LIBRAIRE-ÉDITEUR

PARIS

CHALLAMEL AINÉ

LIBRAIRE-COMMISSIONNAIRE POUR L'ALGÉRIE ET L'ORIENT

30, RUE DES BOULANGERS-SAINT-VICTOR

1860

ALGER. — TYPOGRAPHIE BASTIDE,
Imprimeur de l'Évêché.

OBSERVATIONS

PRÉSENTÉES

À

M. DUPIN AINÉ

PROCUREUR-GÉNÉRAL ET SÉNATEUR

SUR SON DISCOURS DU 29 MARS 1860

MONSIEUR LE PROCUREUR-GÉNÉRAL,

Je prends la liberté de vous adresser l'*Esquisse d'un Traité* que je viens de publier *sur la Souveraineté temporelle du Pape.* Ce que je n'eusse point osé faire, avant la séance du Sénat du 29 mars, étant inconnu de vous, il me semble que je ne dois pas le négliger, après le discours que vous y avez prononcé et, surtout, après la lettre que vient de publier M. le marquis de la Roche-jacquelein. Ma signature vous dira suffisamment que nos opinions ne sont pas les mêmes ; un simple coup-d'œil, jeté sur mon livre aura vite achevé la démonstration.

Peut-être serait-il convenable de commencer cette lettre en vous témoignant mon admiration pour le talent si vert, si pétillant, si plein de verve, que vous gardez sous des cheveux blanchis par le labeur et par l'âge. Porter ainsi la parole à 77 ans, c'est chose rare, je dirai plus : c'est vraiment merveilleux !

Mais, de là, Monsieur le Procureur-Général, à la puissance de l'idée, à la force de l'argumentation, il y aura toujours loin, bien loin, du moins, tant que l'affirmation ne sera pas la science ; le trait d'esprit, l'érudition ; et le sardonisme, la véritable éloquence.

Je ne serais pas évêque, je serais seulement chrétien, que je protesterais, comme l'a fait S. Em. le Cardinal Archevêque de Paris, contre l'intention générale de votre harangue, contre la forme de réquisitoire qu'elle affecte dans certains paragraphes. contre votre manière de traiter l'Encyclique du Pape, les Mandements des Évêques et les Associations religieuses.

Il appartient à vos Eminents collègues de juger s'il était bien délicat de venir signaler, comme entachées d'un caractère de parti, les pétitions dont ils prenaient hautement la défense, et d'opposer la tâche du Sénat à la tâche qu'ils venaient d'accomplir : « Ils ont fait leur devoir, avez-vous dit : faisons le nôtre. » Enfin, je me suis demandé s'il était bien, de votre part. d'égayer par des pointes spirituelles et mordantes, j'en conviens, un aussi grave sujet. En reproduisant, devant une illustre assemblée, **un vieux bon mot** qui traîne depuis si longtemps sur les bancs de nos écoles théologiques, et qu'entre ultramontains et gallicans de quinze ans, nous aimions à nous renvoyer, comme des enfants se renvoient des boules de neige, vous en avez fait une application qui manque entièrement de justesse. Coq ou Français (1), il est mauvais de

---

(1) Le mot *Gallus* signifie également coq *ou* Gaulois. A la Passion de Notre-Seigneur. le coq chanta, comme Jésus l'avait prédit.

faire pleurer Saint Pierre, quand, au lieu d'apostasier,
il se montre héroïquement fidèle à ses serments, et surtout quand pleurent avec lui des âmes délicates, qu'on
peut compter par centaines de millions.

Mais, j'ai d'autres observations plus sérieuses peut-être
encore à vous présenter. Les critiques que je viens d'a-
dresser à votre discours n'accusent, en définitive, que la
tournure connue d'un esprit, d'ailleurs éminent; celles
qui me restent à vous signaler accusent le fond même de
votre argumentation.

Je ne m'occupe pas des pétitions, dont le sort est fixé;
je ferai seulement ce que vous aviez promis de faire : je
m'en tiendrai à la doctrine et à l'histoire.

Vous cherchez à prouver que la question romaine est
purement temporelle, c'est la prétention des publicistes
de nos jours. Je ne vois· pas quelle conséquence on
peut tirer de là, pour excuser ce qui se passe dans les
Romagnes, et ce n'est point moi qui me permettrai de
rappeler à un magistrat illustre, que toute la société roule,
au point de vue de la justice des nations, sur le respect des
droits temporels, légitimes et reconnus. Mais, je veux m'en
tenir à nier, avec l'Eglise catholique tout entière, le caractère exclusivement temporel de la royauté du Saint-
Siége.

Je n'ose vous prier, Monsieur le Procureur-Général,
de jeter un rapide coup-d'œil sur les pages 202 et sui-
vantes de mon *Esquisse*, où je crois avoir assez claire-
ment réfuté une erreur devenue trop commune; mais, au

---

après le troisième reniement de S. Pierre, qui alors se mit à pleurer. Dans un Concile, un évêque français ayant parlé avec une grande
vivacité sur la réforme de l'Eglise dans son Chef et dans ses mem-
bres, un prélat italien dit : *Gallus cantat.* Le voisin du prélat lui ré-
pondit : *Utinàm ad galli cantum Petrus resipisceret!* Ce bon mot, in-
venté sans doute après coup, comme tant d'autres, est celui que cite
M. Dupin, en en faisant, sans façon, l'application aux circonstances
présentes. Tout le monde comprend qu'il tient pour le *Gallus.*

moins, veuillez y lire le texte de Bossuet, dont vous ne sauriez renier l'autorité. « Les biens et les droits qui forment le domaine temporel du Saint-Siége, dit le prince du gallicanisme , NOUS LES TENONS POUR CHOSES SAINTES ET CONSACRÉES A DIEU, de telle sorte qu'on ne pourrait, SANS SACRILÉGE, les envahir, les usurper ou les ramener à l'état séculier (1). »

Montesquieu dira plus tard, avec moins de foi , mais avec autant de sens : « Rendez sacré et inviolable l'antique et nécessaire domaine du clergé ; qu'il soit fixe et éternel comme lui (2). »

Au point de vue religieux, Monsieur le Procureur-Général, le temporel est tout ce qui n'a pas d'autre intérêt que celui de la terre, du corps et du temps ; le spirituel est tout ce qui tient aux intérêts de l'âme et de l'éternité. Mais, un objet peut être, en même temps, et temporel et spirituel, ou le devenir par sa destination , par sa consécration et par son usage.

C'est la condition de notre nature mixte de rapprocher ainsi le temporel du spirituel et de les unir parfois d'une manière indissoluble. La société chrétienne, étant composée d'hommes et non pas d'anges, veut, dans son mode d'existence, dans son fonctionnement, dans ses sacrements, dans son culte, dans son ministère et dans ses rapports de tout genre, des liens sensibles et des instruments matériels. Temporelle dans sa substance, une chose peut donc recevoir le caractère spirituel par son application à des usages saints. Ainsi en est-il des églises, des vases sacrés ; ainsi en est-il des biens ecclésiastiques. C'est l'enseignement de toute la théologie ancienne et moderne, appuyée sur les conciles œcuméniques, sur les décrétales des papes, sur les conciles particuliers tenus

---

(1) *Def. Cler. Gallic.* T. I, p. 2.
(2) *Esprit des Lois*, L. 25, c. 5.

en France, il y a dix ans, et sur de récentes Ency-
cliques.

Que la loi civile fasse ou non, au point de vue du châ-
timent, une distinction entre les biens et les choses ecclésiastiques et les autres biens et les autres choses, la foi et
la croyance commune des hommes établiront toujours une
différence profonde entre le vol ordinaire et le vol sacrilège ;
entre celui qui dérobe un verre ou une coupe d'argent
dans la maison de son voisin, et celui qui dérobe, dans
un tabernacle, un calice ou un ciboire.

C'est précisément l'aspect sous lequel les catholiques
envisagent le domaine de la papauté. Le caractère temporel lui est commun avec toutes les autres souverainetés de la terre ; mais il se rehausse d'une marque
spirituelle que lui donne le but de son institution,
savoir l'indépendance du ministère apostolique pour le
Pape et pour la catholicité ; d'où il résulte qu'il y a
non-seulement injustice, mais encore *sacrilége* à l'usurper.

Vous insistez, Monsieur le Procureur-Général, sur ce
point qu'il ne s'agit, dans la circonstance présente, que
d'une partie des États romains ; mais, la mutilation d'un
droit n'est pas plus permise que sa destruction, et le
démembrement forcé d'un État que la déchéance même
du prince. D'ailleurs, les principes au nom desquels on
proclame la séparation des Romagnes, dont vous faites
fort librement l'histoire (1), étant applicables à tout l'État
romain aussi bien qu'à une de ses parties, c'en serait bientôt
fait de la souveraineté temporelle du Pape, et, par
conséquent, de la condition normale, ancienne, inviolable et sacrée de son indépendance spirituelle, le jour où
le mouvement présent de ces provinces serait sanctionné
par le succès et par l'approbation des Puissances. Le
retour au droit féodal par la suzeraineté, droit que

---

(1) Tout le système est réfuté par les faits. *Esquisse.* p. 42, 90 etc.

« Nous ne sommes pas le maître, Nous ne sommes que l'administrateur de nos États, disait Pie VII, et c'est pourquoi Nous ne pouvons, Nous ne devons, Nous ne voulons les aliéner. » *Nostrûm non est,* dit noblement Pie IX, *sed ad omnes catholicos pertinet.* »

Ah ! Monsieur le Procureur-Général, cela est beau comme l'antique, et cependant pas si nouveau que vous le pensez, puisque vous le trouvez déjà sur les lèvres d'un pape, qui le disait il y a cinquante-deux ans ; puisque c'est l'expression du sentiment catholique de tous les temps, à partir de Pépin et de Charlemagne, qui allaient défendre en Italie, non la France, mais Saint-Pierre, et la liberté de l'Église, et la catholicité tout entière, outragée et violentée dans son chef (1).

Les formules précises du droit, vous le savez mieux que personne, ne sont pas toujours contemporaines du droit lui-même. Il est donc possible que le *Nostrûm non est,* ne se rencontre pas dans les vieux parchemins ; mais, il vit dans les entrailles de l'histoire, et, depuis onze siècles, il palpite dans le cœur même des faits. Aussi, Bossuet, j'aime toujours à le citer, à un gallican surtout, ne se contentait pas de *féliciter le Saint-Siège d'un privilège qui lui permet d'exercer plus sûrement et plus librement le pouvoir spirituel dans tout l'univers ;* mais, il en *félicite aussi l'Église entière, et fait les vœux les plus ardents pour que cette principauté sacrée demeure sauve et à l'abri de toute attaque.* Pourquoi l'Eglise entière? sinon parce qu'elle a tout intérêt à ce que le privilège de la souveraineté pontificale soit maintenu.

Et il écrivait cela, le grand homme, sous le roi qui s'était emparé momentanément d'Avignon et du Comtat Venaissin ; non à titre définitif, vous m'obligez à en faire la remarque, mais comme les Espagnols font aujourd'hui de Tétouan ; pour avoir un gage passager de la satisfaction

---

(1) Esquisse, page 40, 41.

qu'il réclamait, avec plus ou moins de raison, de la part du Pape Innocent XI.

L'observation que vous faites vous-même, à ce sujet. Monsieur le Procureur-Général, n'aurait-elle pas dû vous expliquer la conduite des évêques d'alors et des évêques d'aujourd'hui ? La doctrine, vous venez de le voir, était la même ; mais, la situation des choses étant complètement différente, la conduite devait s'en ressentir. Louis XIV rendit Avignon, dès qu'il reçut la satisfaction qu'il désirait ; aucun enseignement erroné ne s'éleva pendant ce triste conflit, et le Pape résolut, seul, en peu de temps, la question. Les évêques, tranquilles du côté du roi et rassurés du côté de la doctrine, n'eurent donc pas à prendre la parole. Aujourd'hui, c'est un démembrement ouvertement proclamé, et au nom des principes les plus opposés à la croyance de l'Église ; c'est une menace évidente de ruine pour le pouvoir temporel des papes tout entier ; le Souverain Pontife nous appelle à sa défense ; comment donc a-t-il pu vous venir en pensée de comparer, pour nous donner une leçon que vous saviez bien ne pouvoir être acceptée, deux événements de caractère si dissemblable ?

Vous voyez donc, Monsieur le Procureur-Général, que vous en êtes pour vos frais d'épithètes, comme tout à l'heure vous en étiez pour vos frais de substantifs ; qu'il n'était pas plus permis d'appeler *étrange* et *nouvelle* une croyance raisonnable et ancienne, que de substituer à l'idée d'un droit moral, universel, le titre d'une propriété vulgaire, et de nommer *actionnaires d'un fonds commun* les partisans de ce droit sublime.

Le paradoxe a ses mirages, et, comme une fascination irrésistible, il entraîne au-delà des frontières d'une logique raisonnable.

Après avoir anathématisé un principe qui a trouvé dernièrement de si éloquents interprètes parmi vos plus éminents collègues de l'Académie française, vous en venez à livrer au rire les deux choses les plus saintes qui soient au monde, le serment des papes et la prière des catholiques.

Est-ce avec des moqueries et le plus jovial sans-façon qu'il est permis d'aborder des questions si hautes, si graves? Celui qui se les permet n'a-t-il pas à redouter les formidables représailles du *Rideho et subsannabo vos*, dont sont menacés, par Dieu même, ceux qui rient ouvertement de ses apôtres et de ses fidèles? Quoi! Monsieur le Procureur-Général, trente et un papes, (de Pie V à Pie IX), ont solennellement prêté le serment de ne jamais rien aliéner de leur domaine temporel, et là-dessus vous vous écriez avec un amer sourire : « Curieuse histoire! » Tout ce qu'il y a de catholiques sincères prient, à l'appel du Souverain Pontife, pour détourner l'orage qui menace ses États, et vous leur dites que ces prières sont inutiles et que la Providence a passé à l'ordre du jour sur leurs pétitions !

Voyons donc, Monsieur le Procureur-Général, ce qu'il peut y avoir de si *curieux* dans l'histoire du serment des papes, et ce qui vous autorise à déclarer non-avenues les prières de la catholicité.

Pour votre malheur, permettez-moi de vous le dire, vous n'avez été, à votre insu, je le pense, ni juste dans votre appréciation, ni exact dans votre récit de ce fameux serment : l'improvisation joue de ces tours aux talents portés à l'ironie.

Vous dites : « S'est-il jamais trouvé un souverain qui, à son avènement, ait prêté le serment de n'être jamais conquis, qu'on ne lui prendrait jamais rien? »

Hé! Monsieur le Procureur-Général, vous savez trop bien qu'un pareil engagement serait absurde au premier chef, et que, par conséquent, tel ne saurait être celui des pontifes romains. Les papes jurent de ne jamais rien aliéner du domaine temporel, soit en faveur de l'étranger, soit en faveur de leur famille, et, partant, de s'opposer de toutes leurs forces à l'usurpation des États du Saint-Siége. N'est-ce pas la loi générale des souverainetés, n'est-ce pas, en par-

ficulier, la loi française? J'ai beau chercher ce qu'il peut y
avoir d'étrange et de curieux dans un serment de cette nature, je suis obligé d'avouer que je ne le devine pas, et il est
fort possible que, dans l'Europe entière, il ne se trouve
pas une seule personne sérieuse qui le devine mieux que
moi.

Ce qu'on devinera plus vite, Monsieur le Procureur-Général, c'est la générosité qui éclate dans un tel serment,
prêté en regard des incessantes violences du passé et en
regard d'un avenir toujours incertain : qui l'a mieux prouvé
que l'histoire de Pie IX? Voilà un homme, un prêtre, un
pape, chef d'un très petit État, d'un État qui, par son impor-
tance, excite la convoitise de ses voisins, et, par sa faiblesse
même, est exposé à leurs injustes tentatives, aussi bien qu'à
la sédition intérieure. Hé bien! Cet homme, qui a pour ennemi quiconque n'aime ni Dieu, ni son Christ, ni son Église,
cet homme, une tradition de trois siècles, lui impose l'obligation de se refuser, malgré toutes les exigences des ambi-
tions et des révolutions, à toute concession de territoire ;
et au moment même où, pour se montrer fidèle à cette
obligation sacrée, il déclare à l'univers qu'il est prêt à
souffrir l'exil, les tourments et la mort même, pour caracté-
riser une telle position, qui émeut les entrailles du monde,
vous n'avez à jeter à votre illustre auditoire que cette parole
d'une cruelle ironie : « *Curieuse histoire!* »

Quelque *curieuse* que soit à vos yeux cette histoire,
Monsieur le Procureur-Général, est-ce une raison pour
fausser ses origines et pour supprimer l'exposé des motifs
qui, dans un siècle où l'on fait tant de cas de la philoso-
phie de l'histoire, et si peu de la fidélité au serment, n'eus-
sent pas manqué d'être appréciés par un auditoire grave,
expérimenté, derrière lequel, attentive et inquiète, se ran-
geait la catholicité tout entière ?

Ce que vous n'avez pas fait, Monsieur le Procureur-Général, je vais essayer de le faire, et, après cela, peut-être,
ne sera-t-il pas difficile à un esprit aussi pénétrant que le

vôtre, de découvrir que, si les annales du serment deviennent parfois une *curieuse histoire*, ce n'est pas précisément lorsqu'on les étudie dans la biographie des Pontifes romains; car, après tout, ils n'en prêtent qu'un, et ils le tiennent.

Non, Monsieur le Procureur-Général, quoique vous l'ayez dit avec le même aplomb qui vous fit prendre autrefois St-Pierre au lieu de St-Jacques, pour le premier évêque de Jérusalem, et l'exergue de Notre-Seigneur Sauveur des hommes pour la devise mytérieuse des RR. Pères Jésuites (1., Innocent XII n'est pas l'auteur du serment prêté par les Papes, et l'occupation momentanée d'Avignon n'entre pour rien dans cette *curieuse histoire*.

L'histoire du serment des Papes est de la plus haute antiquité, soit au point de vue *domanial*, soit au point de vue *royal*, si l'on peut parler de la sorte; sous ce dernier rapport, il se formule nettement au milieu du XVI° siècle.

En réalité, on pourrait remonter jusqu'à Paul IV, en 1555 et jusqu'à Pie IV, en 1565; il suffit de s'arrêter à Saint Pie V.

Le Grand pape Pie V, décida 128 ans avant Innocent XII, que les Pontifes romains prêteraient désormais le serment dont il est question. La Bulle *Admonet nos*, du 29 des Calendes d'avril (29 mars 1564) commence ainsi :

« Le soin du gouvernement de l'Église que nous présidons, par la volonté de Dieu, nous avertit de conserver dans le droit, le domaine, la propriété, et la possession de ce Saint-Siége, les villes, terres, bourgs et lieux perpétuellement soumis au temporel, soit immédiatement, soit médiatement, à Nous et audit Siége apostolique. »

---

(1) On trouve sur une foule de cartouches placés au-dessus du portail principal des églises ces trois lettres J. H. S. Elles ont toujours signifié *Jesus Hominum Salvator*. Un jour, M. Dupin lit ces trois lettres J. H. S., et le voilà qui vient dénoncer à la Chambre des Députés l'esprit d'envahissement des Jésuites, qu'il avait cru reconnaître sous cet exergue, en le traduisant ainsi : *Jesuitarum humilis societas*. On rit ; nous ne rions pas aujourd'hui, nous gémissons.

Le Souverain pontife déclare ensuite qu'il rétablit l'Eglise dans la possession de tout ce qui avait été donné en fief ou autrement, que, désormais, avant de recevoir le chapeau, les cardinaux jurent de maintenir en entier le domaine de St-Pierre. Il ajoute que celui qui sera élu Pape devra, après son élection, promettre et jurer d'observer la présente bulle, et réitérer, après son couronnement, cette promesse et ces serments, par des lettres spéciales, qui en seront ainsi le sceau.

M. le marquis de la Rochejacquelein n'a vu là qu'un serment de propriétaire ; libre à lui, mais le sens que lui ont toujours donné les papes et le texte lui-même mettent à néant cette distinction futile et tard-venue. Le serment oblige suivant la lettre et sa commune interprétation : les Papes savent ce qu'ils font en prêtant le leur, et nous le savons aussi.

En se reportant à l'époque où fut donnée cette Bulle, on trouve deux raisons qui l'expliquent et la justifient aux yeux de tout homme sensé.

Tant que les Empereurs élus par les Papes prêtaient eux-mêmes le serment de défendre tous les droits temporels des Pontifes romains, ceux-ci n'avaient aucun besoin de prendre le même engagement ; mais on sait que, sous Paul IV et sous Pie IV, le dernier prédécesseur immédiat des Pie V, les Allemands cessèrent de demander à Rome le titre impérial, l'honneur du couronnement de la main du vicaire de Jésus-Christ, et de prêter le serment traditionnel. Pie V voulut combler cette lacune. Tel est le premier motif de la Bulle de Pie V, déjà esquissée par Paul IV et Pie IV.

Le second est également fourni par l'histoire. Alors, en effet, de grandes usurpations venaient d'être tentées sur le domaine temporel du Saint-Siége : des aliénations à titre de fiefs s'étaient opérées sous Alexandre VI, Léon X et Paul III, la force et la faiblesse y avaient concouru ; on essayait de démembrer les provinces de l'Etat romain ; et peut-être ne serait-il pas impossible de découvrir, à cette époque, le germe du nouveau droit politique dont les prétentions voudraient s'imposer, de nos jours, à Pie IX.

Ce fut donc *aux rapines de l'étranger* que Pie V essaya de porter le premier coup par la Bulle *Admonet nos*.

Renouvelée et confirmée par Grégoire XIII, le 2 juillet 1572, et par Sixte-Quint, le 18 mars 1586, elle fut en 1692, amplifiée par Innocent XII, aux applaudissements de l'univers catholique et des hérétiques, eux-mêmes. Frappés d'admiration pour le grand pontife qui s'imposait et imposait à ses successeurs, à perpétuité, la défense d'exercer le népotisme ; les Luthériens lui érigèrent une statue à Vittemberg, dans la métropole même de la Réforme.

En effet, Monsieur le Procureur-Général, entre Pie V et Innocent XII, étaient venues se placer les prodigalités domestiques de Grégoire XIII, d'Innocent XI, et d'Alexandre VII. Aujourd'hui qu'il est reçu par toute l'Europe, et même dans les Etats constitutionnels, de doter une famille souveraine, le mot de népotisme n'a plus de sens, et c'est la papauté seule qui aurait le droit d'en faire le reproche aux autres Puissances. Mais, le pouvoir temporel des papes ne doit pas s'exercer à si grands frais pour les nations, et le Souverain Pontife n'a pas besoin d'enrichir, pour honorer sa propre cour, aucun membre de sa famille.

C'est ce que comprit noblement Innocent XII, en complétant la charte de Pie V, qu'il renouvelle par une charte spéciale contre le népotisme. Ce que vous appelez une curieuse histoire, Monsieur le Procureur-Général, est tout simplement une preuve de l'esprit réformateur de la papauté sur elle-même. Comment se fait-il que ce qui a valu des statues à Innocent XII, dressées il y a deux cents ans par des mains hérétiques, lui attire aujourd'hui des sarcasmes de la part d'hommes éminents qui se croient sincèrement catholiques ?

Enter la réforme sur ce que la conscience a de plus impérieux, protéger la faiblesse humaine contre les instincts, d'ailleurs trop excusables, de la nature, par la publicité et l'éclat d'un serment solennel, qu'y a-t-il de plus noble, de plus sage, et, j'ose le dire, de plus magnanime? Aussi, la Bulle de Pie V, qui a porté un coup terrible à l'esprit d'invasion, devant lequel la condescendance d'un pape, elle-même, ne peut plus fléchir, et la Bulle d'Innocent XII, qui a pour jamais extirpé jusqu'aux dernières racines du népotisme, subsisteront-elles jusqu'à la fin des temps ou du moins jusqu'à la chute de la royauté civile des papes, qui durera probablement jusqu'à la fin des temps.

Voilà, Monsieur le Procureur-Général, l'histoire authentique du serment des pontifes romains, en leur qualité de rois temporels. Qu'y-a-t-il là de *si curieux*, je le demande à tout homme réfléchi, sinon l'étonnement railleur que cela vous inspire ?

Vous plaisantez également, Monsieur le Procureur-Général, sur les prières demandées à l'univers catholique par le Saint-Père, et faites avec tant de ferveur par toutes les âmes fidèles. « Sur tous ces actes, dites-vous, sur ces prières, qui ne sont que des pétitions (pétitions à Dieu, c'est vrai : *Petite et accipietis*), la Providence a passé à l'ordre du jour et a laissé s'accomplir des faits qui, sans doute, étaient dans ses desseins éternels. » Mais, il paraît que votre langage a été pris très au sérieux ; car je lis dans le *Moniteur* qu'il a produit une sensation prolongée et une vive approbation.

Et cependant, comme vous parlez de la Providence, Monsieur le Procureur-Général, et comme vous vous hâtez de vous faire son interprète ! Dans la première ivresse d'un triomphe désastreux pour l'Église, on peut croire aisément que « la Providence a passé à l'ordre du jour sur les prières » que la religion attristée fait monter vers elle ; mais, que d'amères déceptions viennent après cette aveugle confiance ! La Providence n'est pas empressée, inquiète, emportée, comme le sont ordinairement les hommes. Si elle frappe quelquefois subitement les prévaricateurs, l'ordre accoutumé de sa justice est de ne venir que longtemps après le flagrant délit. Patiente, parce qu'elle est miséricordieuse, elle attend le repen-

tir, pour lui pardonner ; patiente, parce qu'elle est éter-
nelle, elle n'en châtie pas moins, dès ce monde, les
crimes sociaux ; mais elle prend son temps, elle choisit
ses moyens, et prépare son heure, dans le secret de
ses conseils. Tant que le moment de la colère divine
s'attarde, l'iniquité se pavane dans l'impunité de son
triomphe. Ainsi faisaient les nombreux persécuteurs
du Saint-Siège, dont vous pourrez lire les noms à la
page 208 de mon livre. Ils croyaient, eux aussi, que
« la Providence avait passé à l'ordre du jour » sur
leur crime. Lorsque le monde l'avait oublié ou avait fini
par s'en accommoder, ils croyaient que Dieu n'y pen-
sait plus. Soudain, et quelquefois après de longues an-
nées, on voyait s'accomplir d'étonnantes catastrophes,
on entendait de ces coups de tonnerre qui ébranlaient
l'Europe et dont les contre-coups se faisaient sentir jusqu'aux extrémités de l'univers. Par la mort ou l'exil
du ravisseur, tout rentrait dans l'ordre primitif. Les
aveugles n'apercevaient, dans ces graves événements, que
la main des hommes, les diplomates que le résultat de
combinaisons savantes, les fatalistes que celles du hasard ;
mais les chrétiens regardaient le ciel, et ils adoraient,
avec un saint et doux effroi, la justice vengeresse de Dieu.

L'ordre du jour de la Providence, Monsieur le Procureur-
Général, est toujours un mystère d'avenir ; elle n'a pas
d'horloge qui marque ses heures d'avance. Le genre humain
en recueille l'histoire ; Dieu seul, peut en faire, quand il lui
plait, la prophétie : vous ne serez donc pas étonné, qu'à
moins d'une révélation, nous n'acceptions pas la vôtre.
Quand le Saint-Siége, sans remonter plus haut dans ses annales, a recouvré en 1814, les Légations, qu'il avait perdues
depuis 1796, et le reste de ses États, qui lui avait été enlevé
en 1808, ne paraît-il pas bien osé à qui que ce soit de dire,
après moins de deux ans, que la Providence a passé à l'ordre du jour sur les faits qui ont amené le nouveau régime
improvisé dans les Romagnes ?

Quoi qu'il en soit de la justesse de vos présages, Monsieur le Procureur-Général, laissez-moi vous le dire, il est mille fois plus noble de se ranger du côté du malheur que de l'attrister par le rire : il est mieux de prier avec un père outragé et avec tous ses enfants demeurés fidèles, que de prédire, sans autorité, la consommation de ses outrages et la stérilité de nos prières.

J'étais sur le point de terminer mes observations, en relevant un dernier trait de votre harangue : un instant de réflexion m'a détourné de cette pensée.

Vous avez parlé de la fin malheureuse du connétable de Bourbon, et vous avez ajouté : « Triste exemple de ceux qui engagent témérairement leur épée au service de l'étranger ! » Je ne sais comment on a cru voir dans cette parole, dont vous eussiez sans doute pu vous abstenir, une allusion à l'illustre général qui commande aujourd'hui l'armée pontificale. Je suis heureux de pouvoir vous défendre par votre parole même contre une odieuse imputation. Le bon sens disait d'ailleurs, à tout le monde, qu'il n'y avait aucun rapport, même apparent, entre le connétable traître à son roi et à sa patrie, ayant passé à la solde d'un prince ennemi de la France, et allant, à la tête d'une bande de pillards, faire le siège de Rome, dans l'unique intention de la dépouiller au profit des aventuriers qui marchaient sous ses ordres, et le bras généreux qui, répondant à l'appel de Pie IX, consacre à sa défense une épée illustrée dans vingt combats sur la terre d'Afrique, et qui a sauvé Paris et la France des sauvages fureurs du socialisme. Vous n'en voulez, d'ailleurs, qu'aux *téméraires* qui servent l'*étranger;* M. de Lamoricière ne saurait être compris dans votre blâme: car il est brave comme un héros, et non téméraire comme un aventurier; en servant la religion et l'Église, il reste au centre même de la patrie commune; en défendant le Souverain Pontife, qui ne saurait être étranger à personne dans le monde, à titre même de souverain, il défend son père, le vôtre et celui de la catholicité tout entière : ce n'est donc pas à lui que vous avez pu vouloir faire même la plus lointaine allusion.

Une comparaison, ou plutôt un contraste, amène tout naturellement une autre comparaison ou un autre contraste. Voici l'idée qui m'est venue, à l'occasion de votre discours.

Idée singulière, peut-être! mais enfin la voici :

Je me suis dit : Qu'aurait fait, à la place de M. Dupin aîné, dans la circonstance présente, le plus ferme et le plus convaincu des gallicans, l'immortel Bossuet?

Et, à l'instant même, par un effet d'imagination, que vous comprendrez chez un homme qui a quatorze ans d'Afrique, il me sembla voir l'image vivante de Bossuet. Je crus l'entendre lui-même reproduire son éloge de l'autorité civile de l'Eglise romaine, autorité par laquelle, « indépendante dans son Chef de toutes les puissances temporelles, elle se voit en état d'exercer plus librement, pour le bien commun et sous la commune protection des rois chrétiens, cette puissance céleste de régir les âmes, et par laquelle, tenant la balance droite au milieu de tant d'empires souvent ennemis, elle entretient l'unité dans tout le corps, tantôt par d'inflexibles décrets et tantôt par de justes tempéraments. » Je l'entendais aussi, disant « aux maîtres du monde qu'ils ne sont jamais plus dignes de l'être, ni plus assurés sur leur trône, que lorsqu'ils font respecter l'ordre que Dieu a établi. » Et je me rappelai qu'il disait cela au milieu du terrible conflit de la Régale, conflit où son opinion avait fléchi en faveur du monarque, et sollicitait un sacrifice temporel et spirituel en même temps de la part du Pape (1).

Puis, me rappelant la dignité de votre âge, vos cheveux blancs couronnés des lauriers du barreau et de la tribune, au moment où, dans une assemblée plus grave encore, vous repreniez le cours de vos succès oratoires, je crus

---

(1) *Discours sur l'Unité de l'Eglise.*

voir se pencher la tête de Bossuet ; et sa voix, à demi
voilée, redisait les paroles qui terminent, par une réflexion
si chrétienne et si profondément sage, l'oraison funèbre
du prince de Condé : « Vous mettrez fin à tous ces discours. Au lieu de déplorer la mort des autres, grand
prince, dorénavant je veux apprendre de vous à rendre
la mienne sainte. Heureux si, averti par ces cheveux
blancs, du compte que je dois rendre de mon administration, je réserve au troupeau que je dois nourrir de la
parole de vie, les restes d'une voix qui tombe et d'une
ardeur qui s'éteint. »

Je me mis à relire votre harangue, Monsieur le Procureur-Général ; l'image de Bossuet disparut, dès les pre-
mières phrases, et je me retrouvai face à face avec le
promoteur le plus ardent des ordonnances de 1828, avec
l'interprète-inventeur du pieux exergue : *Jesus Hominum
Salvator*, et avec l'auteur du *Manuel de Droit ecclésias-
tique*, c'est-à-dire avec le constant adversaire des saintes libertés que proclame utiles et nécessaires l'Eglise,
dont il se croit le fils le plus dévoué. Heureux ! Mille fois
heureux celui qui est *averti par ses cheveux blancs du
compte qu'il doit rendre* de son administration !

En me parlant du livre que j'ai l'honneur de vous offrir,
un de mes vénérables collègues, dont le talent pèse d'un
grand poids dans l'épiscopat et dans les lettres, m'écrit :
« Ce livre sera pour vous une consolation à l'heure de la
mort. » Que de gens auraient désiré pouvoir vous en
dire autant de votre harangue !

Mais, j'oublie que je n'ai point à vous faire un ser-
mon. D'ailleurs, je ne suis pas assez éloquent pour
espérer de me faire écouter d'un orateur illustre qui, en
se jouant de nos doctrines, d'une Encyclique, des dou-
leurs d'un saint Pontife, de celles de toute la catholicité, a cru fermement remplir un devoir et a obtenu, sur
une question d'ordre social et religieux, une espèce de
triomphe sur les *droits reconnus* de la papauté, sur les

protestations de ses Éminents collègues, sur nos prières publiques et sur nos larmes.

Vous voudrez bien, Monsieur le Procureur-Général, me pardonner la liberté avec laquelle j'ai cru pouvoir exprimer ce que j'appelle mes *Observations*, ne pas être surpris que je les publie en réponse à un discours publié avec tant d'éclat, et agréer les sentiments de haute considération avec lesquels,

Je suis, Monsieur le Procureur-Général, votre très-humble et très-obéissant serviteur,

LOUIS-ANTOINE-AUGUSTIN PAVY,

Évêque d'Alger.

Alger le 10 mai 1860.

Alger — Typ. BASTIDE